AF363966

DISCOURS

POUR

UN MARIAGE

VANNES

IMPRIMERIE GALLES, RUE DE L'HÔTEL-DE-VILLE.

—

1889

DISCOURS

PRONONCÉ

DANS LA CHAPELLE DU PORT DE LORIENT

LE 10 JANVIER 1889

 PAR MONSEIGNEUR L'ÉVÊQUE DE VANNES

AU MARIAGE

DE M. François-Xavier-L.-M. BONNIER

ET

DE Mlle Marguerite-L.-E. CONRAD

————— ✕ —————

MONSIEUR, MADEMOISELLE,

Les circonstances exceptionnelles, de temps
de lieu, de personnes, au milieu desquelles s'ac-
complit cette cérémonie religieuse, éveillent dans
mon esprit de hautes et salutaires pensées. Per-
mettez-moi de les soumettre à votre bienveillante
attention.

Si — ce qu'à Dieu ne plaise ! — les plus saines doctrines, les plus nobles traditions, le respect de toute autorité légitime, l'amour de la patrie, la bonne éducation, toutes les vertus naturelles, surnaturelles et sociales, subissaient, selon l'expression du Prophète royal, *une diminution progressive parmi les enfants des hommes*, le Corps de notre vaillante Marine recueillerait, avec un soin jaloux, ces épaves de la civilisation chrétienne ; il les porterait au bout du monde, plutôt que de les voir devenir chez nous le jouet de toutes les passions coalisées de nos jours contre ce qu'il y a de plus sacré.

Particularisons, pour ne pas sortir de notre sujet.

La pierre fondamentale du foyer domestique n'a-t-elle pas été ébranlée par des réformateurs qui ont entrepris *de séparer ce que Dieu a uni?* Que dis-je? ils voudraient que le lit nuptial, les berceaux et les tombes fussent affranchis de toute intervention divine. Ils repoussent la protection du Ciel durant la vie présente et ne redoutent pas même une sanction suprême au seuil de la vie future.....

Telles ne sont pas les idées qui ont présidé, Monsieur et Mademoiselle, aux négociations relatives au projet de votre mariage. Les convictions et les sentiments de vos honorables familles leur imposaient, comme à vous, l'obligation d'obéir à la loi divine, sans enfreindre les prescriptions de la loi civile. C'est pourquoi j'ai été convié à bénir solennellement votre union, sous les regards attendris de vos parents, de vos amis, de cette assistance d'élite, qui forme, avec moi, des vœux sincères et ardents pour votre bonheur.

Je suis heureux que l'Église ait son modeste sanctuaire dans ce vaste Arsenal, d'où sortent, sous la direction d'habiles et savants ingénieurs et la haute surveillance du digne représentant de l'Administration centrale de la Marine, de formidables engins, de superbes navires destinés à faire respecter sur toutes les mers le pavillon national.

Les plus éminents capitaines ne prennent jamais sans émotion le commandement de ces magnifiques vaisseaux de guerre. Mesurant leur responsabilité à l'honneur qui leur est fait et à la confiance dont ils sont investis, ils n'hésitent pas à proclamer, sans respect humain, avec une profonde humilité, que, *à leur bord, ils sont maîtres après Dieu.* Aussi bien que les rudes et courageux pêcheurs de nos côtes bretonnes, ils ne négligent point de saluer l'Étoile de la mer, en même temps qu'ils règlent leur marche à travers les flots, calmes et agités tour à tour, examinant le cours des astres, en calculant les degrés de longitude et de latitude marqués sur leurs cartes marines. Sublime spectacle que celui de tout un équipage qui part ainsi armé pour une campagne plus ou moins longue et lointaine, au cours de laquelle les intérêts privés, les affections les plus légitimes demeurent subordonnés, sinon sacrifiés, au service de la France ! Au moment de lever l'ancre, officiers et matelots se recueillent ; leur âme s'élève naturellement vers Celui qui peut, seul, mettre un frein à la fureur des flots ; ils se disent, sans peur et sans témérité, qu'ils auront à compter avec les périls de la mer, les maladies et tous les accidents imprévus, qui pourraient bien les empêcher de regagner le port d'embarquement.

Ces graves réflexions, Monsieur et Mademoiselle, ne sont point étrangères à vos préoccupations actuelles. N'y a-t-il pas un grand inconnu dans l'avenir qui s'ouvre devant vous? N'allez-vous pas, en effet, entreprendre de compagnie un voyage plus important et non moins dangereux que les expéditions que je viens de rappeler? En apparence, la barque qui portera vos immortelles destinées sera beaucoup plus petite. En réalité, vous tendrez à un but d'un ordre incomparablement supérieur. Vous avez l'intention de voguer vers une éternité bienheureuse. Les jouissances et les biens de la terre sont trop périssables pour satisfaire à vos aspirations. Puisse le souffle de la grâce enfler doucement et constamment vos voiles! Laissez faire la Providence, en lui prêtant le concours d'une ferme volonté. L'entente vous sera rendue facile par l'éducation que vous avez reçue, les exemples qui vous ont été donnés, la résolution que vous avez prise de rivaliser d'ardeur et de dévouement. Accordez-vous mutuellement estime et confiance. Autrement votre amour ne serait ni vrai ni durable. Ai-je besoin de vous exhorter aux prévenances réciproques, aux concessions nécessaires, à l'aménité du caractère, à la liberté de l'esprit, à la générosité du cœur, à cet harmonieux ensemble de dispositions et de qualités qui font le charme de la vie commune,

doublent les joies intimes et consolent des peines
inséparables de toute existence humaine ?

Souvenez-vous, Monsieur, dans l'exercice de
vos droits d'époux, de cette belle parole : *Maître
après Dieu*, qui est à la fois bon, juste, compa-
tissant. Votre épouse vous sera soumise, comme
il convient, dans les limites de sa foi, de ses
pratiques religieuses, de sa dignité personnelle.
Vous la respecterez, vous la protégerez, vous
l'édifierez. Votre union sera si parfaite que vous
aurez le désir et l'espérance de la voir se pro-
longer et se perfectionner après votre rapide
passage ici-bas. Vous êtes un homme d'honneur,
intelligent, laborieux, présentant dès lors, avec
de beaux états de services, des garanties très
réelles. Vous aurez également à cœur de vous
montrer fidèle aux engagements de votre baptême.
Félicitez-vous d'avoir été choisi, à de pareilles
conditions, pour fonder un nouveau foyer, où
brilleront, j'aime à le croire, par la grâce de
Dieu, toutes les vertus qui sont le riche apanage
d'un mariage chrétien. Jésus-Christ l'a élevé à la
dignité de sacrement. Saint Paul l'appelle un
grand sacrement. L'apôtre ajoute que *les époux
doivent s'aimer comme Jésus-Christ aima l'Église,*

d'un amour vrai, pur, unique, indéfectible. De telle sorte que l'union de Jésus-Christ avec l'Église est le type de l'union des époux chrétiens. Jugez de la dignité d'un état de vie pour lequel il propose un tel exemple, et de la douceur d'une union pour laquelle il exige un pareil amour. Certes, il n'est pas facile de copier un semblable modèle. Les esprits élevés, les cœurs droits, loyaux et constants ne s'y appliquent pas en vain. Vous serez de ce nombre.

Vous pourrez ainsi, Mademoiselle, vous réjouir d'avoir accordé, du consentement de votre père et de votre mère, votre main et votre cœur à cet officier distingué ; il vous témoignera tous les égards qui vous sont dus. N'êtes-vous pas résolue à vous montrer la femme forte, pieuse, aimable, désireuse de toujours plaire à son époux, à la condition expresse de ne jamais déplaire à Dieu ? Pour arriver à ces fins, vous n'aurez qu'à suivre les mouvements de votre cœur, en vous conformant aux conseils de votre mère, vous appliquant à acquérir toutes les qualités dont elle a fait sous vos yeux un usage digne d'éloge et d'imitation.

Monsieur et Mademoiselle, l'heure est venue de vous donner l'un à l'autre, librement, sans partage et sans retour. Après avoir reçu vos serments, je les porterai à l'autel, où je solliciterai les grâces d'état qui vous seront nécessaires pour vous garder mutuellement fidélité en toutes choses, selon les commandements de Dieu. Si mes vœux sont exaucés, rien ne troublera la paix de votre intérieur. Elle sera le gage de celle dont jouiront un jour et pour toujours les hommes de bonne volonté.   Ainsi soit-il !

www.ingramcontent.com/pod-product-compliance
Lightning Source LLC
LaVergne TN
LVHW021626170726
843501LV00010B/4178